AF607316

5 METROS DE POEMAS

CARLOS OQUENDO DE AMAT

5 METROS DE POEMAS

Prólogo de Carlos Germán Belli

VISOR LIBROS

VOLUMEN MCCXLIV DE LA COLECCIÓN VISOR DE POESÍA

Imagen de cubierta de la 1.ª edición

Isaac Peral, 18 - 28015 Madrid
www.visor-libros.com

ISBN: 978-84-9895-594-1
Depósito Legal: M-21411-2024

Impreso en España - Printed in Spain
Gráficas Muriel. C/ Investigación, n.º 9. P. I. Los Olivos - 28906 Getafe (Madrid)

El Libro como Objeto Estético

Los libros suelen existir a espaldas de su contenido. Normalmente no hay vinculación entre una y otra cosa. En general, el autor cuando escribe no piensa en la figura que tendrá su futuro libro, y las preocupaciones artísticas culminan cuando da el toque final a la última composición del volumen. Igual el pintor con respecto al marco, donde luego irá inserto al lienzo que ha ejecutado. El libro posee un papel pasivo, y poco o nula importancia le concede habitualmente el escritor, pese a que los frutos de su espíritu quedarán allí albergados de por vida. Así, el texto resposará sobre la página independientemente de la propia figura del volumen, sin que éste constituya una prolongación de aquél.

A diferencia de tal situación, el libro puede ser concebido como un objeto estético visual, en estrecha relación con el contenido según da cuenta de ello ***5 metros de poemas,*** *donde texto y volumen resultan inseparables en virtud del peculiar estilo de Oquendo de Amat. La perspectiva del poema no termina en sí, sino que se desarrolla a nivel de continente del libro. La inspiración no sólo se explaya entre los versos sino que abraza, abarca, engloba al volumen por entero, como una unidad estética, en que lo legible y visible se asocian. Es el tipo del libro-acordeón, que por única vez hasta hoy se producirá en el marco de las letras peruanas.*

Efectivamente, las páginas se despliegan a la manera de un acordeón. Pero allí no queda todo, porque hay que añadir otras consideraciones que son obvias. El volumen parece constituir una cinta cinematográfica; y sus páginas pueden ser leídas y, en algunos casos, contempladas también. Lo corroboran las referencias e incluso en cierta manera los rasgos propios del arte del cine, en que determinados poemas hacen que la página blanca semeja más bien una pantalla cinematográfica.

La forma no se limita al texto, y en cambio lo sobrepuja y se prolonga en el espacio en que se hace efectiva la presencia del volumen. He aquí el libro-acordeón, desplegado como una película. Ello no resulta del capricho de un autor estrambótico, sino como una lógica consecuencia, exacta muestra de identificación con el sentido general de la obra, en fin, producto de su organización interna.

La escritura de Oquendo de Amat evidencia una absoluta ausencia de las normas tradicionales, como la métrica, la rima y las estrofas; y en vez de ello, se inclina por el verso libre y fragmentado. Alcanza situaciones extremas como la diseminación de los elementos lingüísticos, el lenguaje sin significado y, un poco más allá, el vacío de la página. De tal modo, como un tácito contrapeso, el autor al parecer se propone que su libro, por todos los lados, se constituya en un objeto estético de fisonomía rotunda.

La forma es lo primero que se tiene en cuenta en la lectura de un poema. En el soneto, por ejemplo, el lector recuerda ante todo la silueta de los cuartetos y tercetos; igual cosa ocurre con la sextina, pues quien conoce este tipo de composición provenzal piensa primeramente en las rimas que se repiten hasta provocar una estela de ecos obsesivos. Si con la fuerza atrae el nivel formal del soneto y la sextina, es natural entonces que el rasgo más notorio de ***5 metros de poemas*** *sea su figura de libro-acordeón, que además no es en absoluto nada frecuente.*

5 metros de poemas *fue el nombre con que Oquendo y Amat bautizó su obra. ¿Por qué? ¿Juvenil arrebato de originalidad?. A la verdad, no es un título engañoso como puede ser* ***Prosas profanas*** *o* ***La divina comedia.*** *En el presente caso nada tan preciso como este raro nombre, porque corresponde a la pura realidad: cinco metros es lo que miden más o menos en conjunto las páginas donde aparecen los textos. Por cierto, los versos suelen ser medidos por sílabas o pies, aunque desde luego no mediante la unidad de longitud.*

Pero una cinta cinematográfica sí se calcula por la unidad de longitud. Esto acaso estuvo en la mente del poeta: páginas desplegables horizontalmente, que se extiendan como una película y que tengan la dimensión expresada en el título del poemario. Además, la especial organización del volumen aclara el sentido de la palabra "intermedio" (a modo de los viejos filmes divididos en dos tandas) estampadas en diagonal en una página, solitariamente y en gruesa tipografía; asimismo, permite comprender la característica visual de muchas de las composiciones y, en particular, facilita su lectura o contemplación, si se quiere. En consecuencia, podemos concluir de que el arte del cine es el principal ascendiente de ***5 metros de poemas.***

No sabemos si estamos en lo cierto o no, aunque desde hace mucho tiempo creemos que la concepción del libro oquendiano tiene un punto de partida en el pensamiento del cineasta Jean Epstein, quien, en un estudio sobre la poesía vanguardista, afirmó sin rodeos, en elocuente tono de vaticinio, lo que sigue: "Antes de cinco años se escribirán poemas cinematográficos: 150 metros y 100 imágenes en rosario en un hilo que seguirá la inteligencia". Lo manifestado por Epstein —si no erramos— coincide en esencia con el nombre que Oquendo de Amat eligió para su obra, y naturalmente con aquello que la distingue. Por lo demás, dada la resonancia que en esos días alcanzó el libro mencionado, probablemente el poeta peruano haya tenido conocimiento de él.

Carlos Germán Belli

5
ME
TROS
DE
POEMAS
CARLOS OQUENDO DE AMAT

Estos poemas inseguros como mi primer hablar dedico a mi madre

Abra el libro como quien pela una fruta

a l d e a n i t a

Aldeanita de seda

ataré mi corazón
como una cinta a tus trenzas

Porque en una mañanita de cartón

(a este bueno aventurero de emociones)

Le diste el vaso de agua de tu cuerpo
y los dos reales de tus ojos nuevos

1923

cuarto de los espejos

En esta media noche
con rejas de aire

se ajitan las manos

Dónde estará la puerta?   Dónde estará la puerta?
y siempre nos damos de bruces
Con los espejos de la vida
Con los espejos de la muerte

ETERNA   Juventud Vejez *ETERNA*

Ser siempre el mismo espejo que le damos la vuelta
se ajitan las manos amarillas
y se pierden las otras manos

y en este todo-nada de espejos
ser de *MADERA*

y sentir en lo negro

HACHAZOS DE TIEMPO

1923

poema del manicomio

Tuve miedo
y me regresé de la locura

Tuve miedo de ser

una rueda

un color

un paso

PORQUE MIS OJOS ERAN NIÑOS

Y mi corazón
un botón
más
de
mi camisa de fuerza

Pero hoy que mis ojos visten pantalones largos
veo a la calle que está mendiga de pasos

1923

r é c l a m

Hoy la Luna está de compras

Desde un tranvía
el sol como un pasajero
lee la ciudad

las esquinas
adelgazan a los viandantes

y el viento empuja
los coches de alquiler

Se bota programas de la luna
(se dará la tierra)

película sportiva pasada dos veces

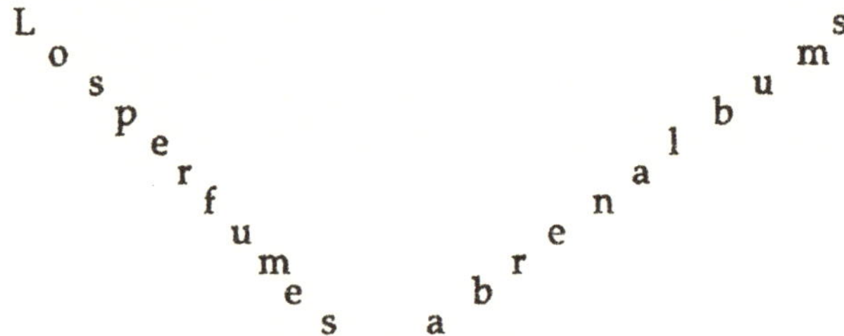

de miradas internacionales

El policeman domestica la brisa
y el ruido de los clacksons ha puesto los vestidos azules

r Novedad
o Todos los poetas han salido de la tecla U. de la Underwod
s
n
e
c
s
a

n
u compró para la luna 5 metros de poemas 1923

i n t e r m e d i o

minutos

10

c o m p a ñ e r a

Tus dedos sí que sabían peinarse como nadie lo hizo
mejor que los peluqueros expertos de los transatlánticos
ah y tus sonrisas maravillosas sombrillas para el calor
tú que llevas prendido un cine en la mejilla

junto a ti mi deseo es un niño de leche

cuando tú me decías
la vida es derecha como un papel de cartas

y yo regaba la rosa de tu cabellera sobre tus hombros

por eso y por la magnolia de tu canto

qué pena
la lluvia cae desigual como tu nombre

1925

poema del mar y de ella

Tu bondad pintó el canto de los pájaros

y el mar venía lleno en tus palabras
de puro blanca se abrirá aquella estrella
y ya no se volarán nunca las dos golondrinas de tus cejas
el viento mueve las velas como flores
yo sé que tú estás esperándome detrás de la lluvia
y eres más que tu delantal y tu libro de letras
eres una sorpresa perenne

DENTRO DE LA ROSA DEL DIA

1925

f i l m d e l o s

Las nubes
son el escape de gas de automóviles invisibles

Todas las casas son cubos de flores

El paisaje es de limón
y mi amada
quiere jugar al golf con él

Tocaremos un timbre
París habrá cambiado a Viena

En el Campo de Marte
naturalmente
los ciclistas venden imágenes económicas

s e h a d e s d o b l a d o e l p a i s a j e

todos somos enanos

Las ciudades se habrán construido
sobre la punta de los paraguas

(Y la vida nos parece mejor
porque está más alta)

p a i s a j e s

u n p o c o d e o l o r a l p a i s a j e

somos buenos
y nos pintaremos el alma de inteligentes

poema acéntrico

En Yanquilandia el cow boy Fritz
mató a la obscuridad

Nosotros desentornillamos todo nuestro optimismo

nos llenamos la cartera de estrellas
y hasta hay alguno que firma un cheque de cielo

Esto es insoportable
un plumero
para limpiar todos los paisajes
y quién
habrá quedado?
Dios   o   nada
(VEASE EL PROXIMO EPISODIO)

NOTA.- Los poemas acéntricos que vagan por los espacio subconcientes, o exteriorizadamente inconcretos son hoy captados por los poetas, aparatos análogos al rayo X, en el futuro, los registrarán.

1925

j a r d í n

Los árboles cambian

el color de los vestidos

las rosas volarán
de sus ramas

Un niño echa el agua de su mirada

y en un rincón

LA LUNA CRECERA COMO UNA PLANTA

1925

m a r

Yo tenía 5 mujeres
y una sola querida

El Mar

por ejemplo haremos otro cielo

Para el marino que nos mira de una sola ceja
con su blusa como una vela en la mañana

El viento es una nave más

Quién habrá dejado caer
las rosas de la islas?

Se prohibe estar triste

Y la alegría como un niño
juega en todas las bordas
Un contador azul
el año 2100
El Horizonte

El Horizonte —que hacía tanto daño—
se exhibe
en el hotel Cry

Y el doctor Leclerk
oficina cosmopolita del bien
obsequia pastillas de mar

1925

p o e m a

Para ti
tengo impresa una sonrisa en papel japón

Mírame
que haces crecer la yerba de los prados

Mujer
mapa de música   claro de río   fiesta de fruta

En tu ventana

cuelgan enredaderas de los volantes de los automóviles
y los expendedores disminuyen el precio de sus mercancías

d é j a m e   q u e   b e s e   t u   v o z

Tu voz

QUE CANTA EN TODAS LAS RAMAS DE LA MAÑANA

1925

o b s e q u i o

Cambiaría un tapiz antiguo
que trae

una cesta de sonrisas
con rosas despreocupadas

y paisajes suspendidos del dedo meñique

con ríos bondadosos y cielos palpables

de tus cabellos saldrá agua dulce

y habrá voces de color en la luna

Por sembrar un beso
bajo la alta palmera de una frase tuya

bella

JARDINERA DE MI BESO

1925

n *e* *w*

Los árboles pronto romperán sus amarras
y son ramos de flores todos los policías

CONEY ISLAND
La lluvia es una moneda de afeitar

WALL STREET
La brisa dobla los tallos
de las artistas de la Paramount

El tráfico
escribe
una carta de novia

T
I
M
E

I
S

M
O
N
E
Y

Los teléfonos
son depósitos de licor

Diez corredores
desnudos en la Underwood

28 PISO

CHARLESTON
RODOLFO VALENTINO HACE CRECER EL CABELLO
NADIE PODRA TENER MAS DE 30 AÑOS

(por qué habrán disminuido los hombres 25 centímetros
y andarán oblicuos sobre una pared)

Mary Pickford sube por la mirada del administrador

y o r k

Para observarla
HE SA LI DO
RE PE TI DO
POR 25 VEN TA-
NAS

d e b a j o d e l t a p e t e h a y b a r c o s

No cantes española
que saldrá George Walsh dentro la chimenea

AQUI COMO EN EL PRIMERO NADA SE SABE DE NADA
100 piso

El humo de las fábricas
retrasa los relojes
Los niños juegan al aro
con la luna

en las afueras

los guarda bosques
encantan a los ríos

Y la mañana
se va como una muchacha cualquiera
en las trenzas
lleva prendido un letrero

SE ALQUILA
ESTA MAÑANA

1925

p u e r t o

El perfume se volvió un árbol

y vuelan los colores
de los transatlánticos

En el muelle
de todos los pañuelos se hizo una flor

Va cantando la música lineal de un bote
y el calor pasta la luna

De una taberna
un marinero
saca de las botellas cintas proyectadas de infancia

El es ahora Jack Brown que persigue al cow-boy
y el silbido es un caballo de Arizona

UN SUSPIRO DETRAS DE LA MAÑANA

Y para que se ría

la brisa trae
los cinco pétalos de una canción

1925

c o m e d o r

Cansancio
Los ojos se han colgado de la percha del bastón

La mirada
es un camarero

Pasemos el plato de la brisa
Las frutas se han vuelto pájaros
para cantar

y en todos los platos estaba la luna

1925

a m b e

Las cúpulas cantaron toda la mañana

Y la casa Nestlé
ha pavimentado la ciudad

El cielo de pie con su gorrita a cuadros
espera
l
o
s

p
a
s
a
j
e
r
o s

DE AMERICA ***DE AMERICA***

Las señoritas
con sus faldas plegadas de noticias
y sus ojos resceptivos de celuloide

Los curiosos leen en sus ojos paisajes de América
y el puma que abraza a los indios con sus botas

s u r t i d o r e s d e o r o

Por supuesto de sus labios
volará una cacatúa

r e s

En Amberes
E l   c a l o r   e s   c o m o   u n   p e n s i o n i s t a

Amberes
ES LA CIUDAD LIRICA ES LA CIUDAD ELASTICA

Es la ciudad sin distancias
las calles son tirantes de goma

Los niños en la primaria aprenden el problema de la ubicación
y así como ponerse el sombrero
(acto mecánico)

basta con estirar una esquina
para sentirse proyectado de la escuela a la puerta de las dulcerías

Amberes

es un vino de amistad
es el sobre postal del mundo

ahora

Los navíos educados
regresan a sus nidos

y hay saludos para América
en las fuentes de agua

1925

m a d r e

Tu nombre viene lento como las músicas humildes
y de tus manos vuelan palomas blancas

Mi recuerdo te viste siempre de blanco
como un recreo de niños que los hombres miran desde aquí distante

Un cielo muere en tus brazos y otro nace en tu ternura

Entre ti y el horizonte
mi palabra está primitiva como la lluvia o como los himnos

Porque ante ti callan las rosas y la canción

1925

c a m p o

El paisaje salía de tu voz
y las nubes dormían en la yema de tus dedos

De tus ojos cintas de alegría colgaron
la mañana

Tus vestidos
encendieron las hojas de los árboles

En el tren lejano iba sentada
la nostalgia

Y el campo volteaba la cara a la ciudad

1925

poema al lado del sueño

Parque salido de un sabor admirable
Cantos colgados expresamente de un árbol
Arboles plantados en los lagos cuyo fruto es una estrella
Lagos de tela restaurada que se abren como sombrillas
Tú estás aquí como la brisa o como un pájaro
En tu sueño pastan elefantes con ojos de flor
Y un ángel rodará los ríos como aros
Eres casi de verdad
pues para ti la lluvia es un íntimo aparato para medir el cambio
moú Abel tel ven Abel en el té
Distribuyes signos astronómicos entre tus tarjetas de visita

1925

BIOGRAFIA

tengo 19 años
y una mujer parecida a un canto